L'AME

L'ESPRIT

Photographies : Philippe Schaff

Maquette et direction artistique : Jean Claude Charoy - Patricia Giraud

Rédaction des textes : Karine Ciupa

Traduction: Sémantis

Photogravure et pré-presse : Clic Clac / Compotour

Coordination technique et artistique: Bernard Lamarca

Imprimé en France : Maury Imprimeur S.A. Malesherbes

Photographs: Philippe Schaff

Layout and Artistic Direction: Jean Claude Charoy – Patricia Giraud

Writing: Karine Ciupa

Translation: Sémantis

Photoengraving and Pre-press: Clic Clac / Compotour

Technical and Artistic Coordination: Bernard Lamarca

Printed in France: Maury Imprimeur S.A. Malesherbes

Cet ouvrage a été édité
par Relais & Châteaux à 16 000 exemplaires

Première édition Novembre 1999

PHOTOGRAPHIES DE
PHILIPPE SCHAFF

L'AME ET L'ESPRIT

SOUL AND SPIRIT

RELAIS &

Comment n'y avons-nous pas pensé plus tôt ? Sans doute suffisait-il d'une rencontre pour qu'un livre de photographies sur les Relais & Châteaux voit le jour. Lorsque Philippe Schaff est venu me proposer cette aventure, il n'a pas eu beaucoup de mal à susciter mon intérêt. Si ce n'est que nous devions être en phase puisqu'il s'agissait, grâce à son œil de photographe, de restituer la singularité de nos établissements. Ce que les propriétaires donnent d'eux-mêmes à leur maison — car nos hôtels sont bien des maisons à part entière — en fait l'âme et l'esprit. Y compris lorsqu'ils s'emploient à maintenir ce que l'histoire ou l'architecture du lieu lui octroient de charme et de personnalité. Encore faut-il le faire avec tact, intelligence et sensibilité. La démarche de Philippe Schaff, son enthousiasme contagieux, son travail de photographe et le ton qu'il avait déjà imaginé, à la fois intimiste dans ses "choses vues" et plus imposant pour les vues panoramiques (vous verrez comme l'impression est saisissante!), m'ont convaincu de mener à bien ce projet. Philippe Schaff connaissait quelques unes de nos demeures : en qualité de photographe professionnel, il est sensible aux atmosphères ; en tant qu'homme, il apprécie l'élégance à laquelle nous sommes attachés. Mieux encore, l'expérience lui a appris que toute réussite professionnelle tient aux hommes. Nul n'est absent du présent volume : un sommelier qui décante un vin dans un jeu de lumières, une réceptionniste dont le sourire est tout l'accueil que l'on vous souhaite, des femmes de chambre et leurs paniers à linge, un voiturier aperçu de dos vêtu de son habit de chasseur, un chef dans son jardin potager... Avouons que cette initiative est venue à point nommé. Durant ces dix dernières années, les Relais & Châteaux, qui étaient depuis longtemps implantés sur les cinq continents, ont dû faire preuve de cohérence et de rigueur pour se développer sans se perdre et assumer leur avenir. C'est ainsi que nous nous sommes donné les moyens de créer et d'imposer une véritable marque, de renforcer l'image de la chaîne dont l'art de vivre et de recevoir est désormais une référence mondiale. Pour tenir les rênes du succès, il fallait se doter des outils de demain. Ce fut un effort et un coût. Dans un tel contexte, il manquait bel et bien un livre pour se souvenir, un livre pour que le regard puisse s'attarder sur les lieux, leur ambiance, les gestes des uns et des autres — ô combien révélateurs de nos savoir-faire — et ce sens du détail qui est une valeur ajoutée. Il manquait un livre de photos fédérateur (bien que tous les établissements de la chaîne n'y figurent pas) et symbolique du style des Relais & Châteaux qui n'est autre qu'un état d'esprit : nous nous sommes rassemblés parce que nous partageons le même idéal d'excellence, mais c'est la personnalité de chacun qui fait la force de cette union. En visitant une trentaine d'établissements en Europe et dans le monde — en Autriche et en Suisse, en Espagne, en Afrique du Sud, en Allemagne et en Grande-Bretagne, aux États-Unis et dans certaines provinces françaises — Philippe Schaff a réuni le matériel photographique qu'exigeait l'illustration de notre griffe. Seulement une trentaine

d'établissements, pourrait-on objecter, alors que nous sommes plus de quatre cents adhérents dispersés dans quarante-deux pays, principalement en Europe de l'Ouest. Je crois pouvoir affirmer que les hôteliers qui n'ont pas reçu Philippe Schaff ne se sentent d'aucune manière absents de cet ouvrage. Car, en vérité, peu importe les endroits où les clichés ont été pris, pourvu que ce soit dans nos demeures : nous nous y reconnaissons tous. La place particulière qui est celle des Relais & Châteaux au sein de l'hôtellerie internationale tient à notre différence. Il en faut bien une que cinq mots résument : Caractère, Courtoisie, Calme, Charme, Cuisine. Pour affirmer nos priorités, nous ne les employons qu'avec une majuscule, mais pour autant les cinq " C " de notre charte n'ont pas d'ordre établi (sauf ici puisque à chaque thème correspond un chapitre). A nous de l'adapter : il est naturel que les soixante Relais Gourmands placent la Cuisine en tête. Quel hôtelier, quel cuisinier ne souhaiterait souscrire à cette ambition de qualité ? Notre métier s'y inscrit et y trouve son plein sens. Nous avons seulement ajouté ce que le client ne trouve pas toujours ailleurs : la régularité et la personnalisation de prestations haut de gamme. Le charme seul n'est agréable que chez des amis et le luxe est devenue une denrée restrictive. Nous voulons tout offrir : savoir-faire, hospitalité et disponibilité, mais comment le dire en images ? Le miracle a pourtant eu lieu. Qu'y a-t-il de commun entre une villa en Corse, un chalet du Voralberg et une demeure près de Capetown en Afrique du Sud ? Une manière d'être et de recevoir qu'un photographe a su capter dans l'atmosphère propre à chaque maison, dans la richesse des matières (lourdeur d'une étoffe, brillant d'une pièce d'orfèvrerie, empreinte du passé sur un mur de pierres sèches), dans des mises en scène décalées donnant à voir le raffinement le plus total dans un lieu isolé ou sauvage : splendides tables dressées, les pieds dans l'eau, en Bretagne ou en Afrique, à la lisière du Kruger Park. Cette célébration particulière constitue le sixième chapitre de ce beau livre. En transgressant nos habitudes de restaurateurs, en inventant une nappe de neige, Philippe Schaff a laissé vagabonder son imaginaire tout en restant fidèle a ce qu'il a perçu de notre passion. Le ton choisi par Philippe Schaff est parfois l'humour ; son arme, le mélange des genres. Mélange des métiers, des ethnies, de la couleur et du noir et blanc, des formats (gros plans et visions panoramiques), des matières, des architectures si différentes d'un continent à l'autre, des goûts, des saveurs et des climats. Cette approche donne un livre de caractère dont les photographies se suffisent à elles-mêmes. Harmonie des lieux et des gens, dimension humaine d'une hôtellerie de charme : il semble que rien n'ait changé depuis la création des Relais de Campagne, il y a quarante-cinq ans. Rien n'a changé en effet puisque ce qui est essentiel perdure : offrir de Positano à la frontière canadienne, d'Eze au Cap de Bonne Espérance, ce que nous faisons de mieux le plus simplement du monde.

Why did we not think of this sooner? A simple encounter was all it took for a book of photographs on Relais & Châteaux to see the light of day. When Philippe Schaff approached me with this idea, he had no trouble arousing my interest. It was important to be on the same wavelength, because reproducing the distinctive quality of our establishments was at stake. What the owners invest of themselves in their house – and our hotels are indeed houses – is what gives it its soul and spirit. That includes doing their best to preserve what the history or architecture of the place adds in terms of charm and personality. And this they must do with tact, intelligence and sensitivity. Philippe's approach, contagious enthusiasm, photographic work and the "tone" he had already come up with – at once intimate in its glimpses of life and majestic with its panoramic views (you will see what a striking impression these make!) – persuaded me to undertake this project. Philippe was familiar with a few of our properties. As a professional photographer, he is sensitive to atmosphere; as a man, he appreciates the elegance to which we are so attached. Better still, experience has taught him that any professional success derives from individuals. Consequently, everyone has been given a place in this book, from the sommelier decanting wine in the changing light to a receptionist whose smile contains all the warmth of our trademark welcome, from the chambermaids with their laundry baskets to the uniformed valet and the chef in his vegetable garden. We must admit that this initiative came at just the right time. Relais & Châteaux hotels, long present on five continents, have for the past ten years had to show consistency and rigor in order to grow while maintaining their identity and meeting their future head-on. That is why we took the steps to create and project a veritable brand, to reinforce the image of a chain whose lifestyle and art of hospitality has become a world standard. To manage our success, we had to give ourselves modern tools. This demanded great effort and considerable resources. In this context, we were definitely in need of a book for remembering, a book in which the eyes might linger on a certain place, its ambience, the service of its staff (so revealing of our savoir-faire) and on that sense of detail that constitutes true added value. A book of photographs that would unite the establishments of the chain (though each establishment does not appear in it) and embody the style of Relais & Châteaux, which is actually a state of mind: we gathered to form a chain because we share the same ideal of excellence, but the strength of our union lies in our individuality. Visiting some thirty establishments in Europe and throughout the world – in Austria, Switzerland, Spain, South Africa, Germany, Great Britain, the United States, and certain French provinces – Philippe assembled the photographs necessary to portray us. Only thirty-some examples, one might protest, yet there are more than 400 member hotels in 42 countries, mainly in Western Europe. I am confident that the hotelkeepers

who did not receive a visit from Philippe in no way feel left out of this book. For in truth, it little matters where the photographs were taken, as long as they were taken on our properties: we all recognize ourselves in them. The special status that Relais & Châteaux enjoys in the international hotel industry derives from what makes us different. That difference can be summed up in five words: Character, Courtesy, Calm, Charm, and Cuisine. To emphasize our priorities, we use those words with a capital C, but our charter has no established order (except in this book, where each theme corresponds to a chapter). It's up to us to adapt it as necessary: it is natural, for example, that the 60 Relais Gourmands place Cuisine at the top of their list. What hotelkeeper or cook would not wish to join in this bid for quality? This is what our profession is about. This is where it finds its true meaning. We have only added what the customer will not find anywhere else: consistent, personalized deluxe service. Charm by itself is nice only at a friend's house. Luxury has become a restrictive commodity. We want to be able to give you it all: savoir-faire, hospitality and customer service. But how to express that in pictures? Miraculously, it has happened. What do a villa in Corsica, a chalet in Voralberg and a residence near Capetown have in common? A style and a manner of welcoming guests that our photographer managed to capture. He found it in the atmosphere of each house, in the richness of materials (the weight of a fabric, the gleam of silverware, the mark of time on a stone wall), in offbeat scenes in which utter sophistication stands against a backdrop of total isolation or wilderness: beautiful tables laid at the water's edge in Brittany or at the outskirts of Kruger Park in Africa. This unusual celebration constitutes the sixth chapter of this sumptuous book. By breaking our habit as restaurateurs and inventing a table-cloth of snow , Philippe let his imagination run wild while remaining true to his conception of our passion. Philippe's tone is sometimes humorous. His strength lies in his ability to mix genres – professions, ethnic groups, color with black and white, formats (close-ups and panoramas), materials, architectures that differ from one continent to the next, taste, flavors and climates. The result is a book of character whose photographs speak for themselves. The harmony of places and people, the human dimension of a charming hotel… it would seem that nothing has changed since the creation of Relais de Campagne 45 years ago. And indeed nothing has changed: from Positano to the Canadian frontier, from Eze to the Cape of Good Hope, the essence has endured. It is still to do what we do best, as simply as you please.

La beauté et la diversité des établissements réunis sous le blason Relais & Châteaux ont déclenché chez moi une idée de concept : réaliser un livre de photographies qui par l'image seule révélerait l'état d'esprit des maisons. J'ai présenté cette idée à Régis Bulot, en l'étoffant et en la défendant, il fut spontanément curieux, réceptif, motivé et motivant. Nous connaissions tous les deux le potentiel et la matière que représentent les architectures souvent exceptionnelles. Je souhaitais mettre en valeur ces demeures accueillantes entourées de patios et jardins. Mais surtout, il me paraissait important de mettre en avant ces femmes et ces hommes qui valorisent sans cesse la singularité de ces lieux par le service que l'on connaît. De par sa richesse, son éclectisme, cet univers représente la matière idéale pour le regard du photographe. L'âme des Relais & Châteaux que j'ai visités devint le fil conducteur, ainsi j'ai préservé une unité de regard qui suggère et synthétise l'esprit de ces professionnels. Ils ont compris ma démarche ; traduire la philosophie de tous à travers quelques uns. Liberté totale me fut donnée pour travailler, surtout dans l'approche du lieu, car la photographie réinvente des scènes par le cadrage et la direction de la lumière. Mon travail fut alterné par de longues préparations jusqu'aux clichés spontanés capturés à l'instant qui passe. Ces exigences du métier sont parfois difficiles à connaître et à admettre. Aussi, les équipes des Relais & Châteaux se sont prêtées au jeu, mieux encore, les uns et les autres ont fait preuve d'écoute, de patience et d'une efficacité animée par leur bienveillance. Qu'ils en soient ici très sincèrement remerciés.

The beauty and diversity of the establishments belonging to the Relais & Châteaux family inspired me to create a book of photographs in which the pictures alone would reveal the spirit of the houses. I submitted the idea to Régis Bulot, fleshing it out and explaining my thought processes. Receptive, motivated and encouraging, he immediately wanted to know more. We were both familiar with the potential interest and rich subject matter that exceptional architecture represents. I wanted to show these welcoming places, surrounded by patios and gardens, to their best advantage. But above all, it seemed important to spotlight the men and women who unceasingly enhance the remarkable quality of the establishments through their service. The richness and eclecticism of this world make it the ideal subject for the photographer's eye. The soul of each Relais & Châteaux residence that I visited became the common thread in my work. That is why I maintained a certain "unity of perspective" that reveals the spirit of these professionals. They understood my approach: conveying the philosophy of all by depicting a few. I was granted total freedom to work, especially in my approach to portraying each place. A photograph reinvents a scene by how it frames its subject and how the light falls. My work ranged from lengthy preparations to spontaneous snapshots that captured a fleeting moment. Such exigencies of the profession are sometimes difficult to know and accept. All the staff of the Relais & Châteaux participated fully. Better still, many showed me consideration and patience, as well as efficiency driven by kindness. I take this opportunity to extend my sincere thanks to them.

RELAIS &
CHATEAUX®
Relais Gourmands

"On ne se souvient pas de ce qui est fade, mièvre ou uniforme. Le caractère donne du piquant aux êtres, aux lieux, à toute chose créée par l'homme. Le caractère, c'est un style, un choix, une audace, une singularité : ici l'allure d'une femme ou l'énergie sensible d'un artiste, ailleurs l'atmosphère d'une demeure. Du caractère, on n'en a jamais trop car pour s'affirmer et persévérer, il faut savoir oser."

"One doesn't remember what is bland, dull or unvaried. Character adds spice to people and places and anything manmade. Character is synonymous with style. It represents a choice, an act of daring, a certain singular quality: the allure of a woman, the sensitive energy of an artist, the ambience of a residence. One can never have too much character, for to assert oneself and stand fast, one must be bold."

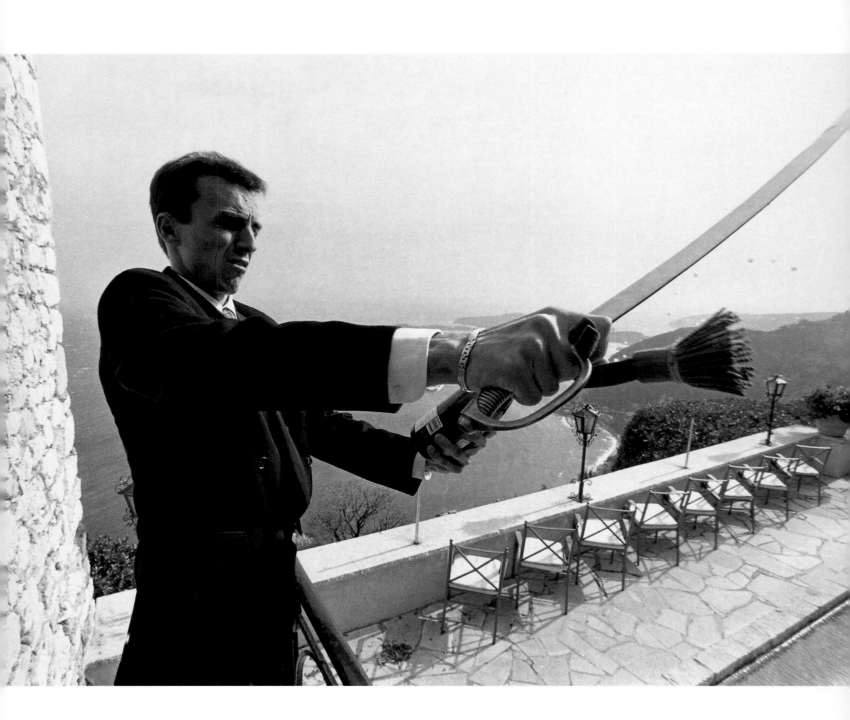

NDE FINE CHAMPA

RITZ SPÉCIAL

1812

AVES DE L'HÔTEL RIT

PARIS

"Le calme est le luxe d'aujourd'hui parce que c'est au calme que l'on prend son temps. Une terrasse sur les vignes, le salon d'un manoir anglais où le même feu crépite depuis des siècles, un chalet en rondins perdu au milieu des séquoias : il est des lieux, hors de l'agitation et des bruits de l'époque, qui permettent un répit et procurent le repos. On en trouve aussi dans les villes, au cœur des maisons, de celles qui toujours ont su se protéger."

"Calm is a luxury today, it is a necessary condition for taking one's time. A terrace overlooking a vineyard, the drawing room of an English manor where a fire burns in the hearth as it has for centuries, a log cabin in the middle of a sequoia forest: there are places beyond the noise and bustle of our age that are a world apart, offering rest. They can even be found in a city, in houses that have always known how to protect themselves."

"Le charme est ce qui surprend, ce que l'on n'attend pas, ce qui ne ressemble à rien d'autre, ce à quoi l'on succombe par un consentement total, doux et enveloppant L'élégance et le raffinement ne seraient rien sans le charme qui y ajoute une qualité humaine, vivante et sensuelle. En toute chose le charme est ce mélange si particulier de liberté et de naturel, de culture et d'histoire, de beauté et de spontanéité."

"Charm takes one by surprise. It is unexpected. It is unlike anything else. It is that to which we give in with total, sweet, consuming consent. Elegance and refinement would be nothing without charm, for it gives them a human, lively, sensual dimension. In every thing charm is that particular blend of freedom and naturalness, of culture and history, of beauty and spontaneity."

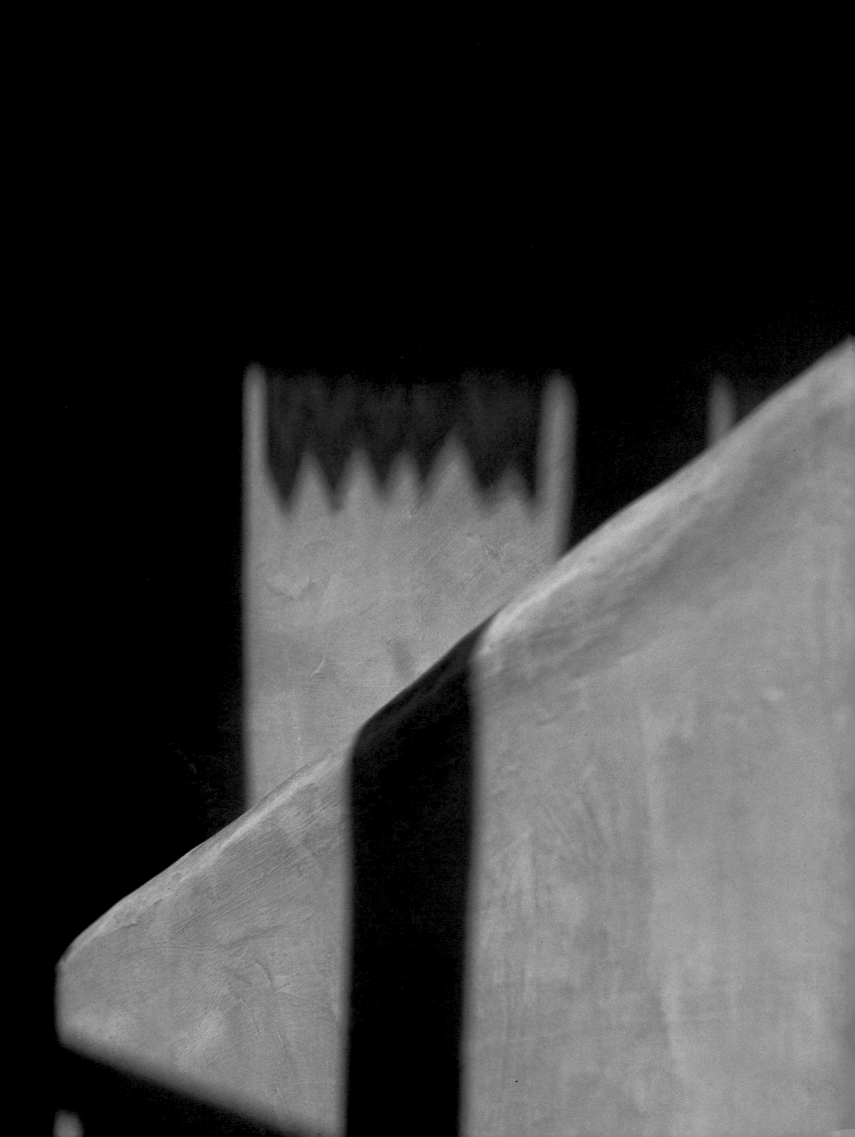

"Quand elle se fait remarquer, elle a quelque chose d'affecté, voire d'obséquieux ; mais lorsqu'elle est d'évidence et passe inaperçue, la courtoisie est une manière exquise et respectueuse d'être à autrui. Dans le meilleur des cas, elle associe la discrétion, l'attention et la bienveillance. Ce qui est un dû à l'hôte de passage se transforme alors en un comportement fait d'aisance et de simplicité. Car la courtoisie n'existe qu'au naturel."

"When it draws attention to itself, it seems somehow affected, even obsequious. But when it is manifest and yet unnoticed, courtesy is an exquisite and respectful way of acting toward others. At its best, it is a combination of discretion, attentiveness and kindness. That which is due a temporary guest is then transformed into an easy, simple mode of behavior. Because courtesy is nothing if not natural."

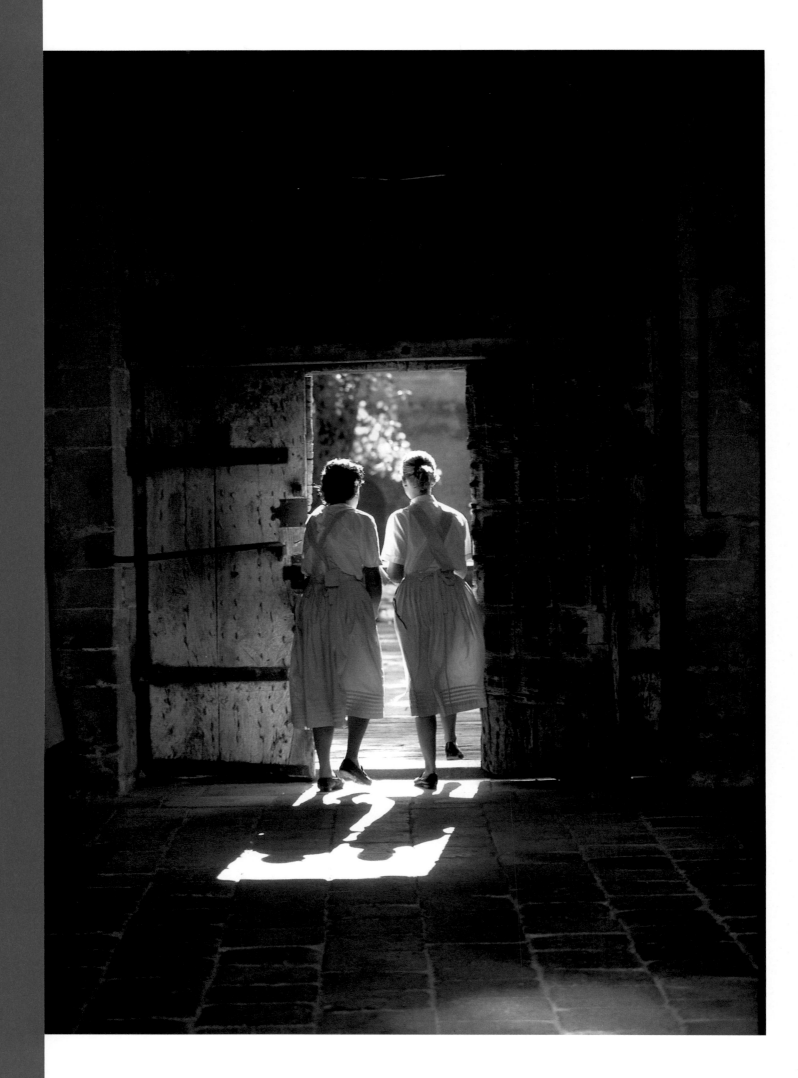

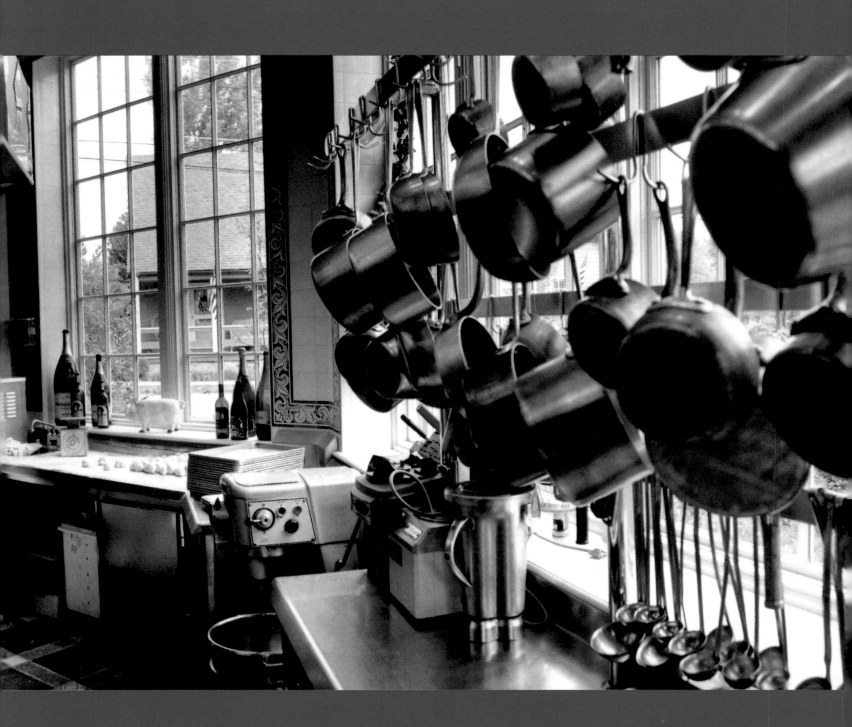

" La cuisine n'est-elle pas le lien entre le goût, la civilisation et les saveurs ? Bien plus qu'une nécessité, elle est un rite, un don, un partage. Elle a ses inventeurs et son cérémonial ; mais on a beau la mettre sous cloche, ses règles sont d'abord celles du plaisir même s'il y faut de la rigueur. Et l'homme n'a jamais trouvé mieux qu'un bon repas pour célébrer ce que la terre porte de mystérieux : la vigne qui donnera le vin. "

"Is not cooking the link connecting taste, civilization and flavor? More than a necessity, it is a ritual, a gift, a way of sharing. It has its innovations and its ceremony; but try as one might to preserve it under glass, what governs cooking first and foremost are the rules of pleasure – along with a certain amount of rigor. And man knows of nothing better than a good meal to celebrate one of the earth's great mysteries: the vine that produces wine."

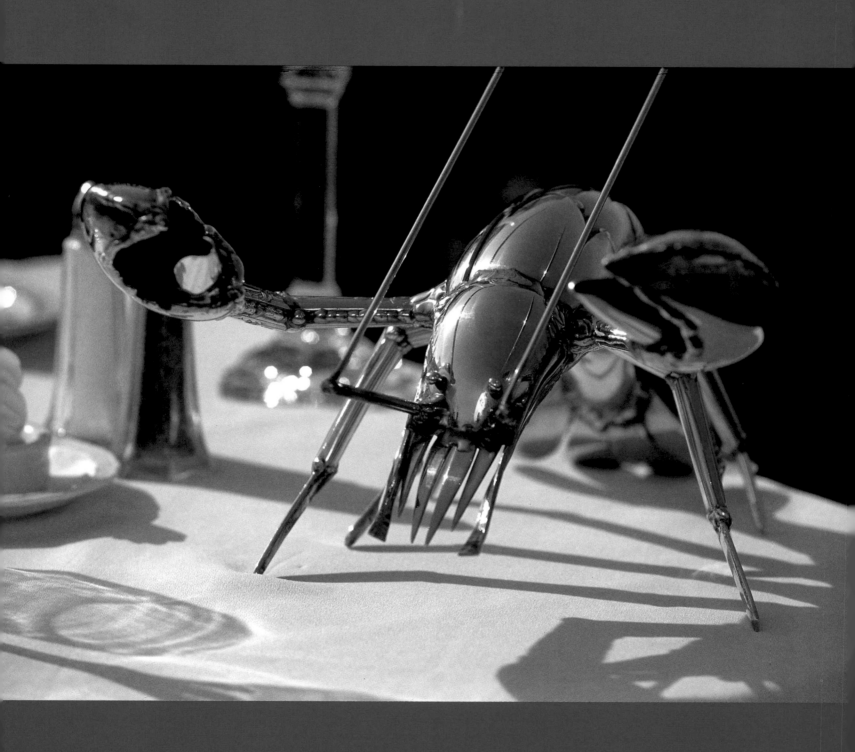

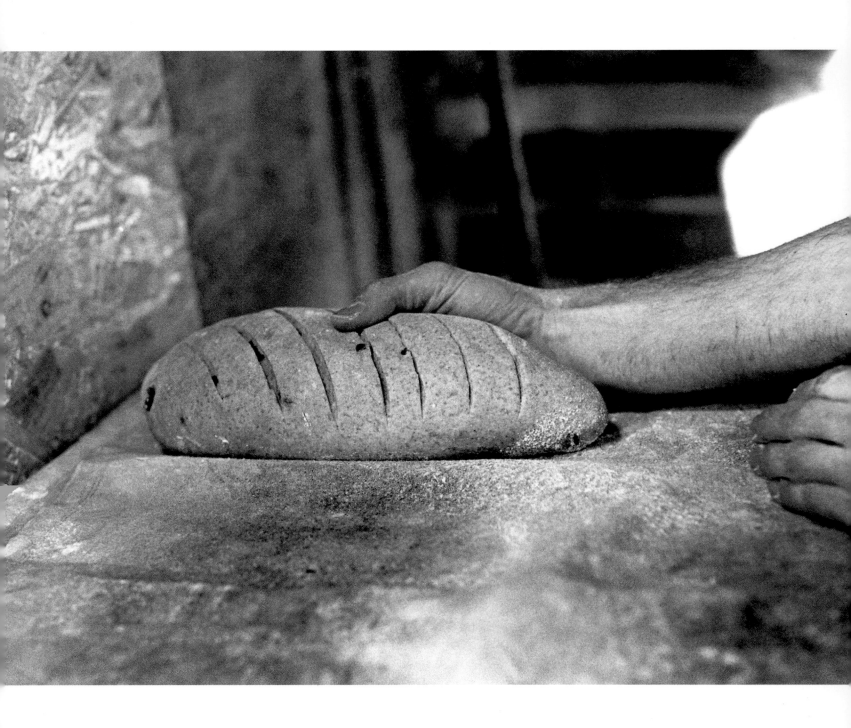

"Une table dressée ne se réduit pas à une nappe de coton brodé, des couverts en argent et de la porcelaine. Une table dressée n'est pas seulement une invitation conventionnelle à déjeuner ou à dîner. Passer à table peut être un rêve de raffinement dans une nature inviolée ou le comble de l'insolite quand l'humeur s'y prête. Rien ne doit être banal aux tables d'exception : un détail ou un geste suffisent à en fixer le souvenir."

"A well-laid table is more than just an embroidered cotton tablecloth, silver and porcelain. A well-laid table is more than just an invitation to dine. One can sit down to a table that is the pinnacle of refinement in unspoiled nature or the ultimate in fancy when the mood is right. Nothing may be banal at an exceptional table. It takes only a detail or a gesture to make it memorable."